VENISE

La lagune, près de Burano

Jean Noël de Soye
Texte de Anne Wiazemsky

VENISE

Éditions du Chêne

Palais des Doges

Pour Violaine et Gabrielle.
Pour mes parents.

« Je m'aperçois soudain que je ne puis me rappeler en réalité aucun détail particulier de votre visage. Seulement votre silhouette, vos vêtements, au moment où vous êtes partie entre les tables du café : Cela, oui, je le vois encore… »

Kafka. Lettres à Milena.

VENISE

Certains lieux ne s'apprivoisent pas tout de suite, quand ce n'est jamais. On les traverse ou on y séjourne à différents moments de sa vie avec des impressions autres à chaque fois. On croit les aimer, les connaître. Et puis un jour, pour de mystérieuses raisons, on saisit quelque chose, un rien, peut-être un son ou une odeur, et on comprend, on sait, que cette rencontre-là est la bonne. Le 26 décembre 1990, aux environs de quinze heures, j'ai éprouvé cette sorte de frisson, si rare, si particulier, qui précède et annonce le coup de foudre amoureux. J'étais à bord d'un *vaporetto* et je tentais désespérément de distinguer Venise à travers le brouillard qui recouvrait la lagune. Un brouillard comme je n'en avais jamais vu auparavant, épais et immobile.

Les instructions de l'amie italienne qui m'invitait à passer la fin de l'année chez elle et son mari étaient simples : « À l'aéroport Marco Polo, tu prends le *motoscafo* jusqu'au Lido, puis le *vaporetto* pour Venise. Tu descends au premier arrêt, à Sant' Elena. L'immeuble où nous t'attendrons est juste en face, à quelques mètres. »

Le choc qui eut lieu quand l'avant du bateau rencontra le ponton me parut d'autant plus surprenant qu'on ne distinguait en rien le débarcadère. Des personnes descendirent, je me glissai parmi elles. C'étaient des habitants du quartier qui revenaient du Lido où ils avaient fait leurs courses. Certains tiraient une poussette d'enfant, tous portaient de gros paquets. Les touristes ne viennent jamais à Sant' Elena et j'apprendrai très vite à aimer ce quartier à l'écart des autres, ignoré, secret, comme dissimulé derrière une barrière de grands arbres. Les quelques secondes durant lesquelles je m'arrêtai, indécise, ne sachant où aller, me furent fatales : le brouillard avait effacé et le bateau et mes compagnons de voyage. La fameuse *nebbia* comme l'appellent les Italiens. J'étais seule, perdue, à l'image des enfants des contes de fées qu'un pouvoir maléfique égare dans la forêt. Le brouillard atténuait même les cornes d'appel, les sirènes. Mais cette Venise dissimulée, effacée du reste du monde, je la devinais, la flairais, la reconnaissais. Aux odeurs de la lagune qui se mêlaient à la brise de mer, si forte à cet endroit ; au deuxième *vaporetto* qui heurta lourdement le débarcadère et déversa des silhouettes pressées de retrouver la chaleur et la lumière de leur maison.

Son rire, soudain, m'avertit de sa présence. Elle était là, à mes côtés, surgissant de rien, prête à y retourner. « Venise t'a sorti son grand jeu, dit-elle. J'espère que tu apprécies sa mise en scène. » Et comme pour lui donner raison, le brouillard se fit moins dense et j'aperçus, en face, les grands arbres dénudés par l'hiver, et les immeubles ; à gauche, les rives du Lido ; à droite, enfin, Venise. Ou plus exactement, des fragments de Venise : le campanile de San Giorgio et, en se penchant au-dessus de la lagune, la Salute. Mais l'émerveillement ne dura guère, le brouillard, déjà, recouvrait tout.

Mes amis tout de suite me proposèrent une promenade. Nous marchâmes longtemps, beaucoup et vite, comme cela se fait à Venise. D'étroites et sombres ruelles débouchaient sur d'autres ruelles, encombrées, bruyantes, avec des lampadaires et des vitrines illuminées. Sans cesse il fallait monter et descendre les marches d'un escalier, d'un pont ; tourner à gauche, à droite, revenir sur ses pas. Soudain c'était de nouveau l'obscurité, le silence et le clapotis de l'eau, son odeur étrange qui ne ressemble à rien. Les quelques personnes croisées là surgissaient et s'estompaient dans le brouillard tels des fantômes. Mais on entendait un moment encore leurs pas résonner sur le quai. Un autre pont, une autre rive et, dans la lumière retrouvée, la foule dense et bavarde dans laquelle il fallait se glisser, jouer des coudes. Ce frôlement continu ne ralentissait pas mes amis. Ils circulaient comme des chats, rapides, sûrs d'eux, attentifs à me montrer la fulgurante beauté du Grand Canal, le dessin parfait d'une place, d'une église, d'un palais. Ce va-et-vient continuel entre l'ombre et la lumière dans la brume du mois de décembre acheva de me désorienter, de me charmer. Avec une délicate subtilité, mes amis m'initiaient à une autre Venise, différente de celle que je croyais connaître, moins accessible peut-être, mais tellement plus étrange et secrète. Celle-là s'apprivoiserait lentement, en douceur, puis se déroberait de nouveau.

C'est cette Venise mystérieuse et insaisissable que suggèrent les photos de Jean Noël de Soye. Une Venise fragmentée, surprise entre chien et loup, comme tremblée. Qu'il la photographie à travers les vitres d'un *vaporetto* ou à quai, l'angle est toujours imprévu et particulier ; les gens souvent de dos ou de trois quarts. Un gondolier, une passante anonyme ou un marin ne sont jamais pittoresques. Les lieux les plus connus comme la place Saint-Marc ou le pont du Rialto retrouvent alors la pureté de leurs origines. Son choix du noir et blanc restitue la fragilité de Venise et nous fait nous interroger.

Car il arrive que l'on se pose des questions, à Venise. Des questions empreintes de gravité qui ont à voir avec la vie, la mort, la place que l'on occupe dans le monde et la précarité des choses. Confronté à la beauté inouïe de cette ville, on éprouve à son égard une sorte de frayeur. Cette beauté suffira-t-elle à la protéger de la destruction ? à la maintenir dans la mémoire des hommes ? La beauté de Venise est poignante en cela qu'il arrive toujours un moment, aussi bref fût-il, où on la sent vulnérable. Alors, on s'en retourne chez soi, le cœur un peu lourd, vaguement craintif.

Mais à Venise, heureusement, rien ne dure trop longtemps. Les sentiments, comme les couleurs de son ciel, changent ou s'inversent. Comment conserver une humeur chagrine sur le pont en bois, à l'entrée de l'Arsenal ? Depuis quelques années, chaque séjour à Venise commence par une visite respectueuse aux lions en marbre qui montent la garde devant les bâtiments militaires de l'Arsenal. La lionne a ma préférence : elle a un petit air égaré, irrésistible...

La Venise de 1990 était presque en noir et blanc, comme sur les photos de Jean Noël de Soye. Peu à peu, elle s'est colorée au gré de mes passages et des saisons. Mais elle ne retrouvera jamais plus l'absurde technicolor que je lui prêtais lorsque j'étais une adolescente fascinée par le cinéma, les metteurs en scène et les vedettes. Ce qui faisait alors à mes yeux le prestige de Venise, c'était son festival de cinéma. Je ne soupçonnais même pas qu'elle puisse receler d'autres trésors. Sur les photos de la place Saint-Marc reproduites dans les magazines, je ne voyais ni le palais des Doges, ni les cinq coupoles de la Basilique, ni le Campanile, ni la tour de l'Horloge ; je voyais Claudia Cardinale ou Burt Lancaster poser au milieu des pigeons.

Ce ne fut guère mieux quand un destin malicieux m'expédia à mon tour poser au milieu des pigeons de la place Saint-Marc. C'était en 1967, je venais de tourner *La Chinoise* et d'épouser son metteur en scène, Jean-Luc Godard. Notre film faisait partie de la sélection officielle, nous étions invités. Mais je ne vis rien de Venise. Absolument rien. Terrifiée par les poursuites incessantes et odieuses des photographes pour qui j'étais une proie inédite et de ce fait très intéressante, je passais l'essentiel de mon séjour cloîtrée dans ma chambre d'hôtel. De cette première rencontre avec Venise, je garde, toutefois, un souvenir ému du vieux Fritz Lang traversant la salle à manger du Grand Hôtel des Bains ; du silence qui se fit au fur et à mesure qu'il progressait ; de tous les regards braqués sur lui ; de son arrêt devant notre table et de sa façon de prendre ma main, d'y déposer un baiser et de me dire à haute voix et dans un français choisi : « C'est vous que je venais saluer... Je vous souhaite beaucoup de bonheur dans la vie, très jeune Madame, beaucoup. » Est-il besoin de le préciser ? Cette scène se passait non pas à Venise mais au Lido...

Par beau temps, il est bon de s'en échapper un peu, de prendre le *vaporetto* et d'aller faire de la bicyclette au Lido. C'est une station balnéaire un peu désuète où les villas Liberty du début du siècle s'abîment lentement dans de grands jardins qui semblent à l'abandon ; ce sont aussi des plages très populaires où l'on vient en famille passer toute la journée dans une cohue bruyante et bon enfant.

À quelques kilomètres du débarcadère, se cache un endroit singulier et poétique dont quelques initiés seulement connaissent l'existence. Il s'agit d'un petit aéroport construit au début des années vingt et qui abrite un modeste café-restaurant. Manger une glace ou boire un verre de vin blanc, l'été, en fin de journée, en contemplant le va-et-vient des petits avions, est un plaisir dont on ne se lasse pas. Mes amis et moi y retrouvons souvent un écrivain italien, fou d'aviation, qui nous invite à tour de rôle à monter à bord de son appareil. La dernière fois que je l'ai vu, il était profondément éprouvé par la mort de son chat. Il nous a raconté comment il était allé l'enterrer clandestinement, de nuit, dans l'île des Arméniens et comment il survole maintenant l'île de façon à passer au plus près de son félin. Que tout cela soit rigoureusement interdit ne le trouble pas une seconde. Une fois – une seule –, nous avons volé avec lui au-dessus de Venise.

Vue du ciel, Venise me touchait moins. Elle était trop belle, trop parfaite, trop historique. Elle manquait de cette banale humanité que lui apportent les bruits et les odeurs, les gens. C'est à pied qu'il faut la découvrir ou à bord d'un bateau. Alors elle offre ce qu'elle est, peut-être, la seule au monde à posséder : l'alternance du divin et de l'humain, ou plus exactement leur étroit mélange, leur parfait alliage. On sort d'un lieu sublime, une place ou une église, et l'on débouche sur un étal de fruits et légumes, un présentoir de pantoufles, le marché aux poissons, un coiffeur. Comme ils se trompent ceux qui ne voient en Venise qu'une ville-musée !

L'été, je fais en sorte de me lever tôt pour la surprendre engourdie et qui s'éveille. Parfois je me glisse parmi les habitants de Sant' Elena qui se pressent vers les *vaporetti*, soucieux de ne pas arriver en retard à leur travail. Sur le Grand Canal, presque sous le pont de l'Académie, il y a un certain petit bar où il est délicieux de commencer la journée. Parfois, je m'en vais à pied par des ruelles encore encombrées de poubelles et de chats.

Venise est le paradis des chats. Ils ont leurs cabanes en carton, les jardins de la Biennale et circulent partout où ils veulent, toujours bien accueillis. Il faut les voir faire cercle autour des pêcheurs, riva degli Schiavoni, en attendant leur part de poissons...

Les trois que je retrouve souvent, dans le petit bar au pied du pont de l'Académie, sont particulièrement gracieux et aimables. Mais dès l'ouverture du musée et l'arrivée en masse des touristes, ils s'éclipsent. Où vont-ils s'abriter ? Je l'ignore. L'important est qu'ils reviennent.

Ce premier café, bu en terrasse, permet d'admirer la courbe du Grand Canal, sa *volta* comme disent les Italiens ; les palais qui se reflètent dans l'eau. On a envie de rester là un moment encore, de paresser entre ombre et soleil. Mais des *vaporetti* débarquent des hordes de touristes et je m'en vais.

À gauche de l'Académie, une première rue resserrée, commerçante, qui sent le café et la lagune, un petit pont et voilà campiello San Vic où on retrouve le Grand Canal un instant masqué. Quelques ruelles et ponts plus loin, c'est le minuscule campiello Barbaro qui, avec ses splendides demeures, ses trois arbres et son pavement irrégulier, ressemble à un décor de théâtre. Encore quelques ruelles, un dernier petit pont en bois et c'est la basilique Santa Maria della Salute, érigée pour remercier la Vierge d'avoir sauvé Venise de la peste.

J'aime particulièrement venir m'asseoir à la pointe de la Douane de mer, là où convergent le Grand Canal et le canal de la Giudecca. La perfection de l'eau, de la lumière et de la pierre, le bassin de Saint-Marc et la lagune à perte de vue, éveillent des désirs d'éternité que l'on croyait perdus depuis longtemps. Bercé par le clapotis de l'eau et le carillon des cloches, on voudrait que le temps s'arrête, on se surprend à faire de grands projets. Pour peu, on se croirait éternel.

Mais à Venise, on l'a déjà dit, rien ne dure longtemps. Il suffit de se relever, de marcher le long des Zattere en direction du populaire quartier de Santa Marta pour retrouver le monde réel. De nombreux bars et restaurants ont des terrasses sur pilotis d'où l'on peut suivre l'invraisemblable trafic du canal maritime : barges surchargées de fruits et de légumes, de meubles, de caisses de boissons ; vedettes de police et de la marine militaire, *vaporetti*. Plus on avance en direction du port et de ses grands paquebots blancs, plus on s'éloigne de la Venise contemplée il y a peu de la pointe de la Douane de mer. Les touristes et les visteurs se font rares, remplacés par des ouvriers, des marins, des employés et des ménagères. De l'autre côté du canal, l'île de la Giudecca est hérissée de grandes grues crochues. Plus loin, se profilent dans le ciel les cheminées des usines de Porto Marghera.

« A destra, a sinistra, dritto, dritto. » Sur les Zatterre, pas loin de la Stazione Maritima, je me suis égarée, j'ai perdu Venise. Une fois de p us, elle s'est dérobée au regard. L'idée d'avoir à la chercher encore et encore sans jamais la connaître vraiment s'impose comme une évidence. Venise a des lois et des coquetteries qui lui sont propres : c'est elle qui décide. Un peu comme si elle choisissait parmi ses nombreux amoureux celui ou celle à qui elle donnera, peut-être, un peu plus d'elle-même. Et je songe à cette phrase de Mallarmé : « J'offre à ceux qui l'ont déjà dans le cœur ma photographie. » C'est à ceux-là que ce livre est dédié.

Anne Wiazemsky

Ponte di Paglia

Campo S. Maria Formosa

Les Mercerie

Pont du Rialto

Pont du Rialto

Près du Campo S. Marina

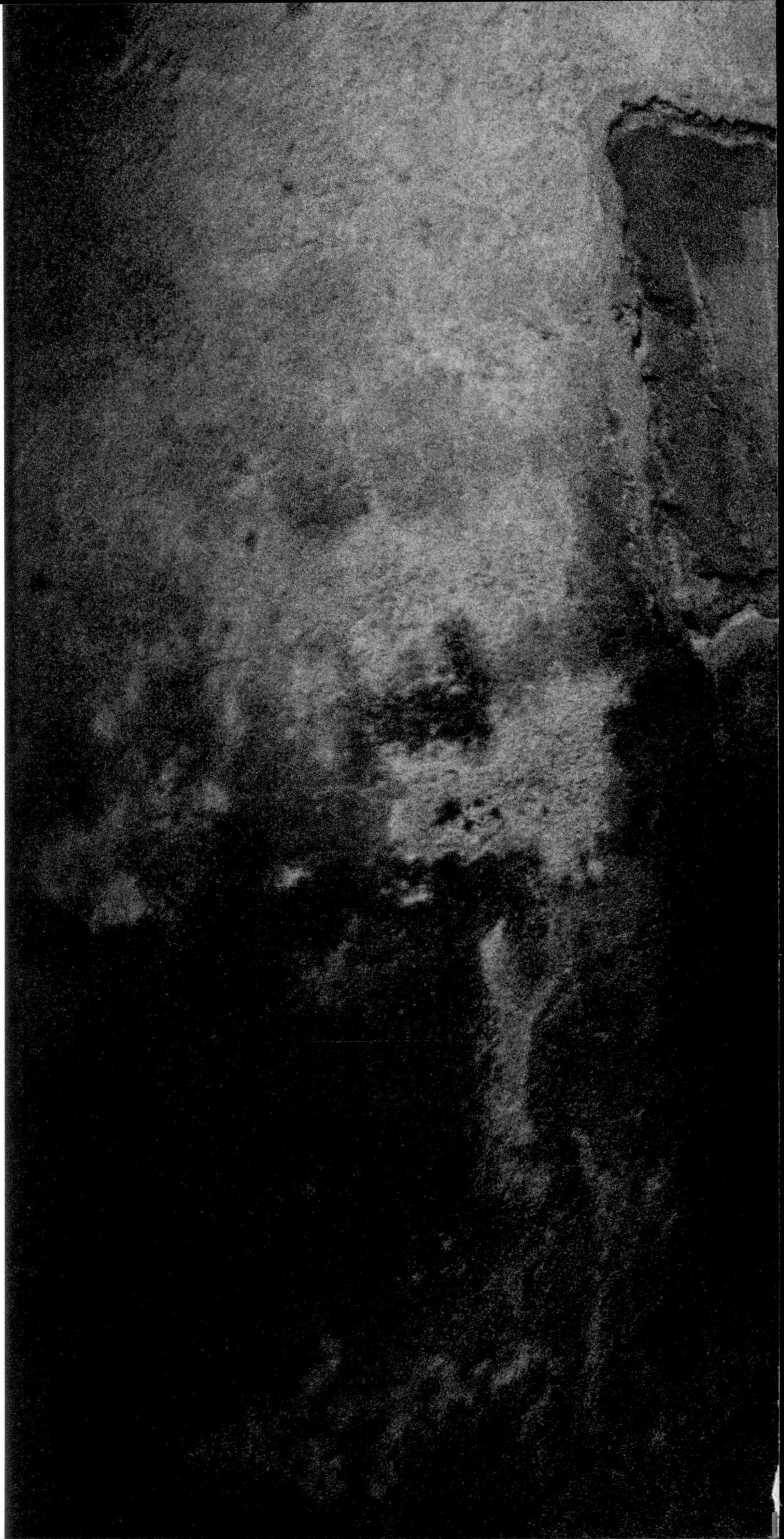

Fête du Redentore

Campiello Querini

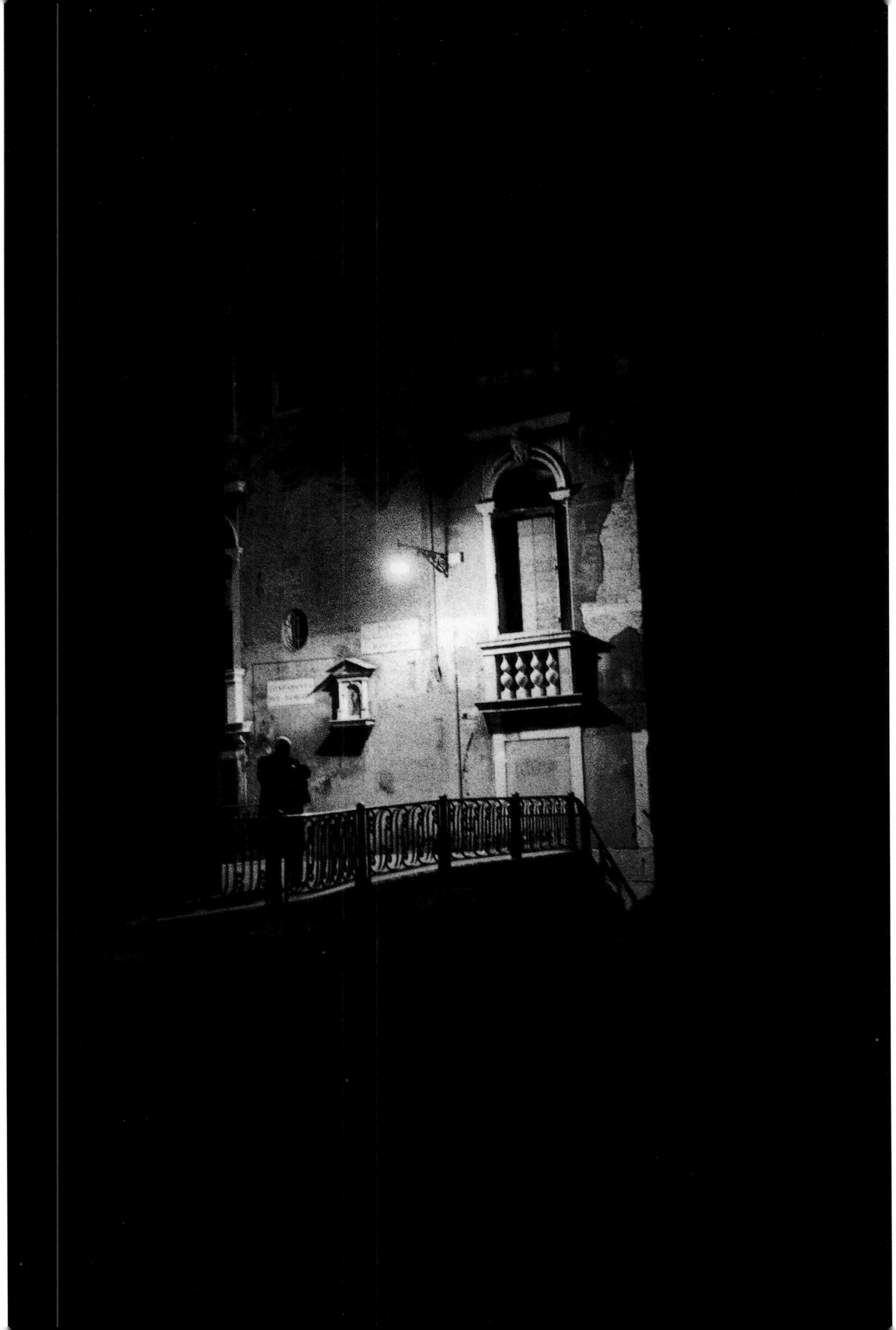

Bal, Palazzo Pisani-Moretta

Bal, Palazzo Pisani-Moretta

Grand Canal, Palazzo Dario

Pont du Rialto

Pont des Soupirs

Ponte dei Carmini

PONTE DEI
CARMINI
PARROCCHIA
DI

Campo San Angelo

IL GAZZETTINO

Près du théâtre de La Fenice

Restaurant, Rio del Vin

RAMO E CORTE
DE LA ROSA

Harry's Bar

Café Florian

Café Florian

Place Saint-Marc

Église San Zaccaria

Basilique Saint-Marc

Église Ss Giovanni e Paolo

Grand Canal

Place Saint-Marc

Murano. Église S. Pietro Martire

Pellestrina

Chioggia

Campo della Pescheria

Pellestrina

Pellestrina. Les « Murazzi », séparent l'Adriatique de la lagune

Chioggia

Campo della Pescheria

Campo della Pescheria

Vaporetto, palais des Doges

Vaporetto

Vaporetto

Pont du Rialto

Vaporetto, Giudecca, Église Santa Maria della Presentazione

Riva degli Schiavoni

Vaporetto

Portata Passeggeri 205
MARINA MILITARE

Vaporetto. Église S. Giorgio Maggiore

Café Florian

PICASSO

Café Florian

Pont du Rialto

Gondoliers, riva degli Schiavoni

Devant le musée de l'Accademia

Burano

Rio del Fonte

Devant l'église de Malamocco

Près du Campo San Canciano

Café Florian

Ponte de le Colonne

PONTE DE
LE COLONNE

Calle Widman

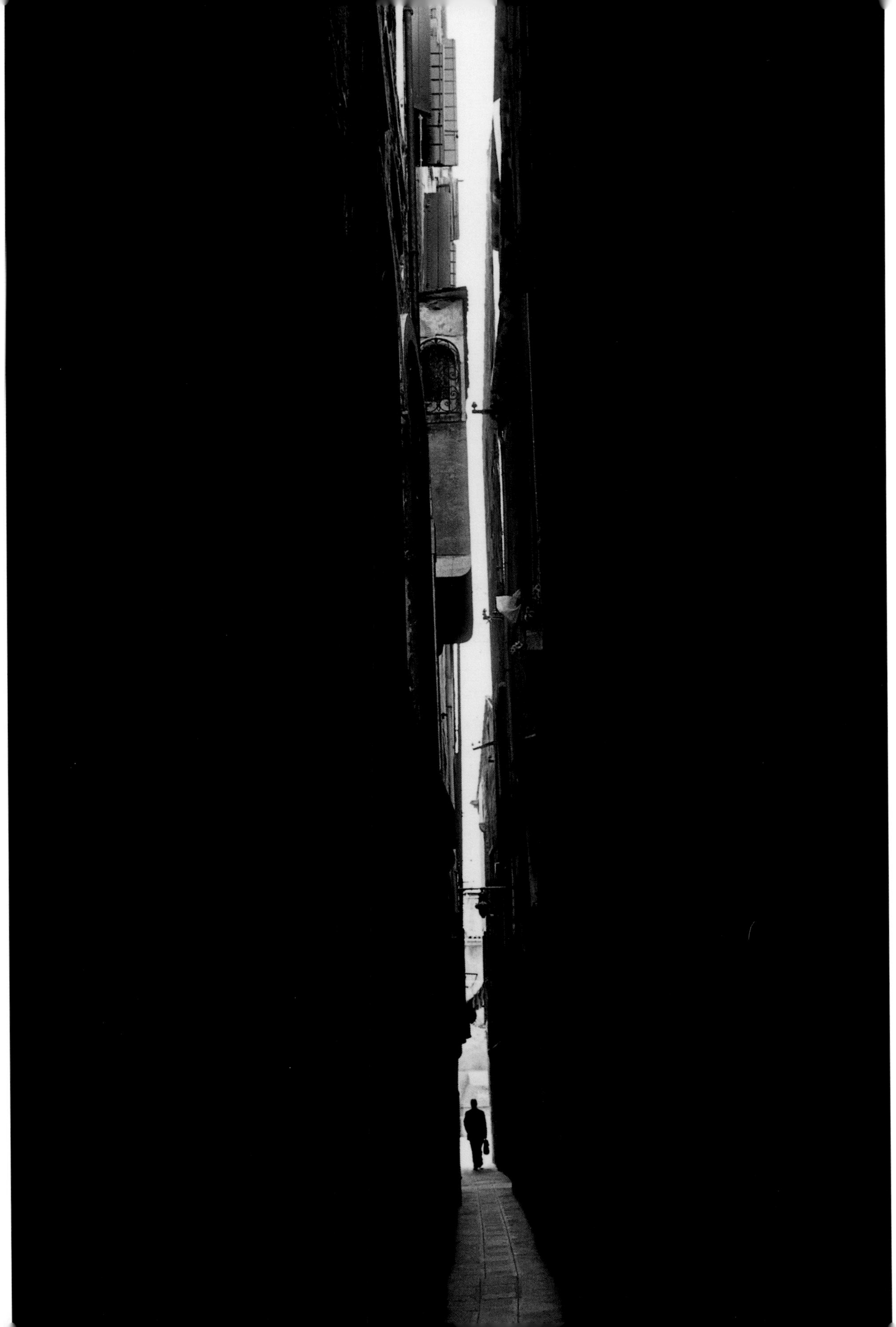

Campo S. Maria Formosa

Calle Widman

Je remercie tous ceux qui ont contribué, d'une manière ou d'une autre,
à la réalisation de ce livre :

Emmanuel Barrault, Bruno Barbier, Wolfgang Behnken,
Marie Brandolini, Giacomo Bretzel, Stéphane Cormier,
Nathalie Debotte, Francine Deroudile, Francesca Dupéchez,
Emmanuelle Faucheux, Fiora Gandolfi, Benoît Gollety, Marc Gouby,
Biba Guerrato, Jean-François Guerri, Hervé Hughes, Vernice Klier,
Sylvie Languin, Serge l'Estimé, Anna et Gianni de Luigi, Jean-Luc Marty,
Marie Maurel, Caroline Metcalf, Sofie Osselaer, Philippe Pierrelée,
Sylvie Rebbot, Gino et Marco Scarso, Shirri Slavin, Chantal Soller,
Antony Suau, Caroline Terrier, Anne Wiazemsky,
ainsi que toutes les personnes photographiées.

Les photographies de ce livre ont été prises au Leica M 6,
sur des films Kodak Tri-X et Tmax TMZ.

La majeure partie des tirages a été faite par Stéphane Cormier
du laboratoire Imaginoir.

Responsable éditoriale : Colette Véron
Responsable artistique : Sabine Houplain
Conception graphique : Emmanuel Barrault

Photogravure : Chromostyle à Tours
Imprimé en Suisse sur les presses de Weber, à Bienne.
Dépôt légal : 15375, octobre 2001
ISBN : 2.84277.380.2
34/1542/9-01